Vente des Vendredi 24 et Samedi 25 Janvier 1873

SALLE N° 8.

Collection de feu M. Le Roy Ladurie

OBJETS D'ART

SERRURERIE DES XVe ET XVIe SIÈCLES

BELLES ARMES

SCULPTURES — FAIENCES

OBJETS VARIÉS

EXPOSITIONS

PARTICULIÈRE	PUBLIQUE
Le Mercredi 22 Janvier 1873	*Le Jeudi 23 Janvier 1873*

COMMISSAIRE-PRISEUR	EXPERT
M° CHARLES PILLET	M. CHARLES MANNHEIM
10, rue de la Grange-Batelière	7, rue Saint-Georges

CATALOGUE

DES

OBJETS D'ART

ET DE CURIOSITÉ

Serrures des XVe et XVIe siècles;
Verrous provenant des châteaux d'Ecouen, d'Anet et autres;
Suite intéressante de Clefs; Horloge en fer;
Beaux Coffres en fer et en bois sculpté du XVe siècle;
Belles Epées du XVIe siècle en fer ciselé et incrusté d'argent;
Fermoirs d'Escarcelles; Sculptures en bois et en ivoire;
Plat et Aiguière en étain par Briot; Objets variés en fer; Quelques Faïences;
Beau Portrait d'homme par Holbein; Objets variés.

COMPOSANT L'INTÉRESSANTE COLLECTION DE FEU M. LE ROY LADURIE

ET DONT LA VENTE AURA LIEU

HOTEL DROUOT, Salle n° 8

Les Vendredi 24 et Samedi 25 Janvier 1873

à deux heures.

Par le Ministère de Me CHARLES PILLET, Commissaire-Priseur,
10, rue de la Grange-Batelière,
Assisté de M. CHARLES MANNHEIM, expert, 7, rue Saint-Georges.
Chez lesquels se trouve le présent Catalogue.

EXPOSITIONS { *PARTICULIÈRE : le Mercredi* 22 *Janvier* 1873.
PUBLIQUE : le Jeudi 23 *Janvier* 1873.

DE UNE HEURE ET DEMIE A CINQ HEURES ET DEMIE.

CONDITIONS DE LA VENTE

Elle sera faite au comptant.

Les adjudicataires payeront *cinq pour cent* en sus des enchères.

L'exposition mettant le public à même de se rendre compte de l'état des objets, il ne sera admis aucune réclamation une fois l'adjudication prononcée.

Paris. — Typ. Pillet fils aîné, rue des Grands-Augustins, 5.

DÉSIGNATION DES OBJETS

ARMES

1 — Très-belle épée avec large poignée à triple garde, quillons droits et pommeau, entièrement couverts de riches incrustations d'argent ciselé en relief, représentant des figures de cavaliers, des groupes de fruits, des rinceaux et des feuillages. — La lame, à double tranchant, est poinçonnée à la tête de roi et porte les inscriptions suivantes : *Soli Deo gloria* et *Johannes Wundes*. Les plaques des sous-gardes sont damasquinées d'argent à figures de cavaliers et ornements, et portent chacune le nom Bouqueton. Travail français du XVIe siècle.

2 — Autre belle épée du XVIe siècle, à garde entièrement composée de combats de cavaliers, de bustes, d'animaux grotesques et d'ornements en fer ciselé et repercé à jour.

3 — Jolie dague à lame striée et repercée à jour. Garde à quillons courbes et pommeau en fer, couverts de fines incrustations d'argent. XVIe siècle.

4 — Deux jolis petits couteaux à manches en fer ciselé et doré, à chapiteaux corinthiens et vases, et garnis de plaques de nacre. xvie siècle.

5 — Couteau et fourchette en fer à manches d'ivoire, formés chacun d'une figure d'homme debout en costume Louis XIII. Dans une gaîne en cuir.

6 — Couteau à manche d'ivoire et lame gravée à figures d'animaux, ornements et parties repercées à jour. Travail espagnol. xviiie siècle.

7 — Garde d'épée du temps de Louis XIII en fer ciselé, à figures de cavaliers, mascarons et ornements.

8 — Garde d'épée du temps de Louis XIV en fer ciselé, représentant des combats de cavaliers.

9 — Belle paire d'éperons en fer couverts d'incrustations d'argent sur fond d'or, et représentant des mascarons, des fleurs et des rinceaux. xvie siècle.

10 — Clef d'arquebuse en fer ciselé, à rinceaux, feuillages et figures d'animaux. xvie siècle.

11 — Amorçoir en corne de cerf sculptée en bas-relief et représentant la conversion de saint Paul. xvie siècle. — Collection Le Carpentier.

12 — Charmant petit amorçoir de même forme, en cuivre doré, finement ciselé, à sujets de chasse, et portant au revers des ornements gravés. XVIe siècle.

13 — Amorçoir en forme de poire aplatie en cuivre ciselé et doré, sujets analogues à celui qui précède.

14 — Grand pulvérin orné de deux plaques en fer ciselé et repercé à jour, représentant des cariatides fantastiques, des dauphins et des rinceaux appliqués sur fond de velours rouge. XVIe siècle.

15 — Joli amorçoir de forme ronde en bois sculpté, à sujets de chasse et fleurs, et portant à son centre une figure de Diane accompagnée de ses chiens. XVIIe siècle.

16 — Pulvérin orné d'une plaque de cuivre découpé à jour, représentant une figure de cavalier se détachant sur un fond de velours vert. XVIe siècle.

17 — Pulvérin en cuir gaufré à ornements, et portant en relief les figures de la Vierge et de son divin Fils. Garniture en fer. XVIe siècle.

18 — Amorçoir en cuir portant des fleurs de lis et les armes des Médicis dorées au fer. XVIe siècle.

19 — Cartouchière en fer repoussé, à figures de cavaliers, mascarons et ornements. Allemagne. XVIe siècle.

20 — Cartouchière saxonne, garnie en fer gravé à l'eau-forte, à figures et arabesques. La face est en velours et le revers en cuir rayé. Fin XVIe siècle.

21 — Pulvérin en fer à bandes gravées et à cannelures obliques. XVIe siècle.

22 — Amorçoir de forme circulaire en bois sculpté, à sujet de chasse. Sanglier poursuivi par des chiens. XVIIe siècle.

23 — Amorçoir de même forme en bois incrusté de cuivre et d'ivoire, à rosaces. Allemagne. XVIe siècle.

24 — Amorçoir forme flacon en fer incrusté d'argent, décoré de médaillons de personnages et de rinceaux. Époque Louis XIII.

25 — Partie de canon de pistolet en acier doré en partie et ciselé, à figure de Neptune, mascaron, fruitages, trophées, etc., et enrichi de cloutages d'or. XVIe siècle.

26 — Amorçoir incomplet en cuivre émaillé. Travail polonais du XVIe siècle.

COFFRETS ET HORLOGES EN FER

27 — Magnifique coffret rectangulaire en fer, du temps de Charles VIII, entièrement composé de plaques repercées à jour et offrant des ornements gothiques variés

du meilleur goût. Ces plaques sont séparées, au pourtour, par des contreforts à clochetons en fer forgé. Le fermoir simule l'entrée d'une église et se compose d'un arc en ogive, surmonté d'élégants motifs découpés et supportés par deux colonnettes gothiques à clochetons.

Cette pièce remarquable a été reproduite dans l'Art pour tous ; elle est d'une conservation parfaite. — Long., 61 cent. ; Larg., 37 cent. ; haut., 22 cent.

28 — Curieux coffret de forme oblongue, à couvercle bombé en fer, garni de bandes d'ornements gothiques repercés à jour et de contreforts en relief. Travail du xve siècle.

29 — Coffret de forme rectangulaire en fer, composé d'ornements gothiques repercés à jour et portant sur le couvercle le chiffre quatre fois répété d'Anne de Bretagne.

30 — Petit coffret rectangulaire en fer, offrant sur sa face principale deux cariatides d'hommes en fer gravé, rapportées sur le fond uni. Au revers sont deux dauphins de même travail. xvie siècle.

31 — Horloge très-curieuse en fer, en forme de tourelle carrée, flanquée aux angles de contreforts à clochetons et surmontée d'un toit en ogive, renfermant le timbre. Ses deux faces principales présentent des ornements en ogive, finement découpés à jour. Les faces latérales laissent voir le mouvement, qui est en fer et à poids. Les angles supérieurs sont ornés de clochetons gothiques et de goulottes simulées, en forme de têtes de dragons. Un listel porte la date 1451. — Haut , 40 cent.

SERRURES ET VERROUS

32 — Belle plaque de serrure du xve siècle, à deux clochetons supportés par des colonnettes et découpés à jour. Les plaques du pourtour se composent d'ornements gothiques repercés, et la plaque inférieure est terminée à ses extrémités par deux mascarons en haut-relief.

33 — Serrure avec façade entièrement composée d'ornements en ogive, finement découpés à jour, et enrichie du sujet de la Tentation d'Ève par le Serpent, rapporté en haut-relief ; à gauche de ce sujet est une figure de guerrier debout en ronde bosse. Le verrou qui se trouve à la partie inférieure de la pièce a sa plaque et sa poignée découpées à jour, et cette dernière porte une fleur de lis ciselée en relief. xve siècle.

34 — Serrure gothique avec plaque à ornements en ogive repercés à jour et à clochetons, et figure de saint Pierre en relief. xve siècle.

35 — Autre serrure de même style, à ornements découpés et rapportés. Elle porte le blason de France formant cache-entrée, et le fermoir est orné d'un lézard. xve siècle.

36 — Autre serrure avec plaque composée d'ornements

gothiques repercés à jour, et verrou orné d'un bouton formé d'une tête humaine en ronde bosse. Même époque.

37 — Belle serrure dorée en partie, avec plaque décorée d'appliques en fer à ornements gothiques découpés, et offrant à son centre une niche, surmontée d'une couronne fleurdelisée et supportée par deux pilastres corinthiens ; dans cette niche est un groupe en ronde bosse de la Vierge et de l'Enfant Jésus. Ce groupe repose sur un soubassement, orné d'un médaillon ciselé représentant une figure équestre de guerrier. Deux médaillons analogues décorent la partie supérieure de la pièce. La clef, à tête carrée et à rosace, se compose d'ornements gothiques finement repercés à jour.

Pièce de maîtrise remarquable, portant la date de 1589.

38 — Jolie serrure avec façade de forme monumentale à fronton supporté par deux colonnettes ou balustres. Le cache-entrée offre, ciselée en relief, la figure de saint Jean-Baptiste, et le fronton porte deux P enlacés. La clef, à tête quadrangulaire, est entièrement repercée à jour et ornée de deux mascarons en relief. Pièce de maîtrise de J. B. PLATON.

39 — Belle plaque de serrure du xve siècle en fer, composée d'une plaque à triple motif d'ornements en ogive, repercés à jour et séparés par des contreforts à clochetons. A gauche, les armes de France surmontées

d'une couronne fleurdelisée et d'ornements en haut-relief. A droite, un écusson portant deux lions passant à face humaine. — Haut., 12 cent.; larg., 12 cent.

40 — Petite porte en fer à ornements ciselés et repercés à jour rapportés sur un fond uni. Dans le bas, écusson armorié soutenu par deux lions héraldiques debout et placé sous un arceau en ogive supporté par deux colonnettes torses. Dans le haut, le sujet du martyre de saint Sébastien. Travail des premières années du xve siècle. — Haut., 23 cent.; larg., 16 cent.

41 — Verrou à bouton formé d'une tête d'homme de profil tournée vers la droite et plaque rectangulaire, en fer repoussé à rinceaux et cornes d'abondance s'échappant d'une cariatide d'homme tirant de l'arc et dont le corps se termine en queue de poisson. xve siècle. — Haut., 15 cent.; larg., 85 millim.

42 — Grande et belle plaque de serrure de forme rectangulaire en fer repoussé, présentant au centre les croissants mal ordonnés de Diane de Poitiers. Cet écusson est entouré d'ornements élégants, ainsi que par des figures d'hommes nus couchés, des guerriers debout, des génies et des mascarons. xvie siècle. — Haut., 15 cent.; larg., 24 cent.

43 — Verrou en fer, de forme oblongue à bouts arrondis. Il porte les armes de France surmontées de la couronne royale, les croissants et le chiffre de Diane de Poitiers, des arcs et des flèches. xvie siècle. — Haut., 15 cent.; larg., 7 cent.

44 — Autre verrou en fer. Celui-ci porte les armes, le chiffre et la devise de Catherine de Médicis. — Haut., 14 cent. ; larg., 7 cent.

45 — Verrou en fer repoussé, de forme rectangulaire en hauteur. Il offre des rinceaux très-élégants supportés par une figure d'homme debout et se terminant par des animaux fantastiques. XVIe siècle. — Haut., 15 cent. ; larg., 65 millim.

46 — Verrou analogue à celui qui précède. Il est décoré de cariatides de satyres et de rinceaux en relief. Le bouton est formé d'un buste de femme. XVIe siècle. — Haut., 15 cent. ; larg., 65 millim.

47 — Verrou à bouts arrondis en fer repoussé à palmette, ornements, cariatides et mascarons. XVIe siècle. Haut., 15 cent. ; larg., 7 cent.

48 — Verrou de même modèle que celui qui précède.

49 — Verrou de même forme et de travail analogue. Il offre des figures d'enfants debout dont les bras se terminent par des enroulements, des ornements et un aigle aux ailes éployées. L'encadrement est formé de perles et d'olives. XVIe siècle.—Haut., 15 cent.; larg., 7 cent.

50 — Verrou de même modèle que celui qui précède.

51 — Verrou forme d'un anneau ovale et orné en fer ciselé. Le bouton est formé d'un mascaron tête de femme. xvie siècle. — Haut., 7 cent. ; larg., 6 cent.

52 — Verrou en fer portant en relief, au milieu d'entrelacs, l'H couronnée de Henri II. xvie siècle. — Haut., 13 cent. ; larg., 6 cent.

53 — Verrou à plaque en fer repoussé et à bords découpés. Elle porte deux écussons fleurdelisés surmontés de couronnes princières. — Haut., 16 cent. ; larg., 6 cent.

54 — Verrou avec plaque en fer repoussé et découpé portant le chiffre de Marie de Médicis et la couronne royale. — Haut., 17 cent. ; larg., 5 cent.

55 — Verrou décoré d'ornements et portant le chiffre de Henri II surmonté de la couronne royale. xvie siècle. Haut., 12 cent. ; larg., 55 mill.

56 — Plaque de verrou du xvie siècle en fer repoussé à ornements et cariatide se terminant en gaine.—Haut., 14 cent. ; larg., 6 cent.

57 — Verrou en fer à ornements découpés, portant deux G enlacés et la lettre H surmontée d'une couronne.

58-62 — Cinq verrous en fer à plaques repoussées et armoriées. Ils seront vendus séparément.

63 — Serrure offrant à ses extrémités deux fleurons repercés à jour. XVe siècle.

64 — Poignée de porte formée d'un pilastre orné et d'un anneau. XVe siècle.

65 — Poignée de porte formée d'un mascaron mufle de lion en fer repoussé, et d'un anneau. XVIe siècle.

66 — Poignée de tiroir de meuble en fer ciselé, en forme de balustre à godrons et enrichie d'un mascaron en relief. XVIe siècle.

67 — Applique de serrure en forme de dragon en fer forgé. XVe siècle.

68 — Clef de harpe formée d'une figurine nue debout. XVIe siècle.

69 — Pièce de serrure ouvrant à charnière et décorée d'un mascaron ciselé en relief. XVIe siècle.

70 — Applique de porte en fer repoussé à tête de bacchant, ornements et fleurs. XVIIe siècle.

71 — Poignée en fer ciselé, composée de branchages et d'un serpent à tête de dragon. XVIe siècle.

72 — Poignée de porte en fer ciselé à feuillages et enrichie de deux mascarons. XVIe siècle.

73 — Poignée de porte de forme curieuse, en fer à feuilles en relief et à mascarons ciselés en relief. xvie siècle.

74 — Marteau de porte en forme d'S et se terminant par deux têtes de dragons.

75 — Enseigne de serrurier en forme de grande clef, à tête composée de deux dauphins debout, reposant sur un chapiteau corinthien. xvie siècle.

CLEFS

76 — Jolie clef à tête en fer ciselé, composée de deux cariatides fantastiques ailées, reliées par un mascaron et reposant sur un chapiteau ionique. xvie siècle.

77 — Clef à tête en fer ciselé, composée de deux animaux fantastiques ailés accolés, reposant sur un chapiteau corinthien. xvie siècle.

78 — Clef analogue à celle qui précède. La tête de celle-ci se compose de deux oiseaux fantastiques reposant sur un chapiteau corinthien. xvie siècle.

79 — Clef à tête très-curieuse en fer, composée d'un chapiteau bas reposant sur quatre petites colonnettes, et supportant un motif d'ornements entrelacés et découpés à jour, au centre duquel est un petit balustre. xvie siècle.

80 — Clef en fer, à chapiteau composite surmonté d'un groupe de deux cariatides fantastiques ailées, ciselées et repercées à jour. XVIe siècle.

81 — Clef en fer, à chapiteau ionique supportant deux motifs d'enroulements reliés par des ornements repercés à jour et surmontés de deux mascarons. XVIe siècle.

82 — Clef à tête carrée et à rosace, en fer, composée d'ornements gothiques repercés à jour, et d'une pièce mobile placée au centre de la partie carrée. XVe siècle.

83 — Clef à tête composée d'enroulements repercés à jour, formant encadrement à deux sceptres surmontés d'une couronne fleurdelisée. XVIIe siècle.

84 — Charmante petite clef, à tête composée d'ornements et d'une rosace en fer finement ciselés et repercés à jour, et surmontée d'une couronne fleurdelisée. XVIIIe siècle.

85 — Clef à tête composée d'ornements repercés à jour et surmontée d'une couronne. XVIIe siècle.

86 — Clef à tête composée d'ornements repercés à jour et d'une couronne incomplète. La tige est travaillée et repercée à jour. XVIIe siècle.

87 — Clef composée de rinceaux gravés et découpés. La tige est cannelée. XVIIe siècle.

88 — Clef à tige cannelée et tête à rinceaux découpés à jour. XVIIe siècle.

89 — Clef à tête composée de deux oiseaux fantastiques accolés. XVIe siècle.

90 — Clef à grosse tête plate repercée à jour. La partie supérieure simule une fleur de lis. XVIe siècle.

91 — Clef de forme curieuse à boule et anneau repercés à jour. XVIIe siècle.

92 — Clef à tête composée de deux cariatides se terminant par des enroulements, en fer ciselé et repercé à jour. XVIe siècle.

93 — Jolie petite clef, à tête ornée de figurines, de mascarons et de rinceaux en fer finement ciselé. XVIe siècle.

94 — Clef en fer, à tête composée de deux oiseaux fantastiques reposant sur un chapiteau corinthien. XVIe siècle.

95 — Clef à tige cannelée et à tête composée d'ornements repercés à jour. XVIIe siècle.

96 — Petite clef à tête de même style. Même époque.

97 — Clef à canon et anneau en fer gravé et doré. XVIe siècle.

98 — Clef à tête plate repercée à jour, en forme d'écusson fleurdelisé. Cette pièce a conservé des traces de dorure. XVIe siècle.

99 — Clef en fer, à ornements feuillagés en relief. Époque Louis XV.

100 — Clef de chambellan en cuivre doré, de la cour du prince Charles-Théodore.

OBJETS VARIÉS EN FER

101 — Deux jolies grilles arrondies à leurs extrémités, en fer forgé et doré, composées d'ornements fleuronnés. XVIe siècle.

102 — Fermoir d'escarcelle en fer avec attache et monture, composées d'arceaux et d'ornements gothiques finement découpés à jour. XVe siècle.

103 — Fermoir d'escarcelle en fer ciselé à ornements et médaillons, renfermant des figurines et des groupes exécutés en guise de camées. XVIe siècle.

104 — Escarcelle avec fermoir, en fer découpé à jour, de style gothique. Travail des dernières années du XVe siècle. Un écusson fleurdelisé a été rapporté sur le velours noir.

105 — Drageoir en fer, entièrement composé de fleurs et de rinceaux finement ciselés et repercés à jour. Époque Louis XIII.

106 — Autre drageoir en fer à ornements ciselés et découpés, et enrichi de deux petites plaques de cristal de roche gravé à fleurs de lis. Même époque.

107 — Joli étui à ciseaux en fer ciselé à écailles et enrichi de rosaces incrustées en argent. XVIe siècle.

108 — Autre joli étui à ciseaux en fer, finement gravé à figures, fleurs et sujets allégoriques. Il porte sur une face un amour tirant de l'arc sur deux cœurs surmontés d'une couronne fleurdelisée, et l'inscription : *Je les unis*; et sur l'autre, deux mains enlacées et deux cœurs enflammés, également couronnés, et l'inscription : *Nous sommes inséparables*. Époque Louis XIII.

109 — Autre étui à ciseaux en fer gravé à fleurs et oiseaux. Même époque.

110 — Lampe de suspension en fer forgé, portant sur sa face une fleur de lis repercée à jour. XVIe siècle.

111 — Grand flambeau à tige formée de rinceaux et de feuillages en fer forgé. Époque Louis XIII.

112 — Lanterne d'antichambre en fer forgé et repoussé à ornements et fleurs. Époque Louis XV.

113 — Petite lampe à main, à poignée ornée d'une tête de dragon.

114 — Deux flambeaux du temps de Louis XVI, en acier, à base carrée, enrichis d'incrustations de cuivre.

115 — Deux chenets en fer forgé du XVIe siècle.

116 — Charmant petit groupe en fer, finement ciselé, représentant saint Georges à cheval, armé de toutes pièces et terrassant le dragon. Son écu porte des armoiries gravées en relief. XVIe siècle. — Haut., 5 cent.

117 — Jolie plaque, cintrée à sa partie supérieure, en fer repoussé et damasquiné d'or. Elle offre en relief la figure d'Orphée debout. XVIe siècle.

118 — Plaque rectangulaire en fer repoussé à rinceaux, animaux fantastiques et cariatides ailées. XVIe siècle.

119 — Écusson en fer, portant en relief le double aigle de l'Empire et deux têtes de lion. XVe siècle.

120 — Pièce d'angle en fer forgé et ciselé, composée d'enroulements et d'un aigle. XVIe siècle.

121 — Statuette de saint Jean-Baptiste debout.

122 — Petite plaque en fer repoussé, de forme oblongue en hauteur, décorée de rinceaux et d'une figure. Allemagne, fin XVIe siècle.

123 — Long manche en fer à fines cannelures et se terminant par une sphère, portant le nom : **PLINIVS.FILIVS.**

124 — Oiseau debout, en fer repoussé et giselé. xvie siècle.

SCULPTURES

125 — Bois. — Très-beau coffret, de forme rectangulaire, offrant dans toutes ses parties des médaillons ronds, séparés par des ornements feuillagés et renfermant des animaux fantastiques et des figures en relief. La lettre H est plusieurs fois répétée et on lit sur des banderoles des devises allemandes, en caractères gothiques.

Cette pièce, qui date des premières années du xve siècle, a conservé ses ferrures de l'époque. Elle a fait partie de la collection de M. de Gérente et a été publiée dans l'*Art pour tous.*— Haut., 10 cent.; larg., 28 cent.

126 — Bois. — Autre coffret rectangulaire, sculpté en bas-relief et offrant sur toutes ses faces des figures d'animaux couchés, des fleurs et des ornements. Les angles sont garnis chacun de trois colonnettes en fer, formant saillie. Mêmes travail et époque. — Haut., 16 cent.; larg., 30 cent.

127 — Ivoire. — Valve de miroir, de forme circulaire, offrant en bas-relief un sujet de personnages chevauchant et garni de quatre feuilles sculptées. xive siècle.

128 — Ivoire. — Valve de miroir de même forme, offrant en bas-relief un sujet tiré du roman de la *Rose*. Même époque.

129 — Buis. — Grand peigne à ornements finement repercés à jour et enrichi d'incrustations d'os gravé et découpé. Il porte, sculptée en relief, l'inscription suivante : *aies de moi suvenance*. XVe siècle.

130 — Buis. — Peigne plus petit que celui qui précède, à ornements découpés et rapportés en corne sur fond d'étoffe. Sur une de ses faces, un cœur percé d'une flèche. Même époque.

131 — Bois. — Gaîne offrant, sculptées en bas-relief, diverses scènes tirées de la *Genèse* et de la Fable. Elle porte des inscriptions en vieux flamand et la date de 1595.

132 — Pierre tendre. — Plaque de forme cintrée, sculptée en bas-relief. Personnage agenouillé, portant l'armure du XVe siècle et offrant un anneau à une dame placée devant lui.

133 — Ivoire. — Cippe sculpté en bas-relief et offrant au pourtour des jeux de tritons et de naïades dans le style de François Flamand.

134 — Ivoire. — Haut-relief de forme cambrée, représentant un satyre et une bacchante. Dans le bas, deux cariatides de femmes soutiennent un écusson. Travail moderne.

135 — Bois. — Panneau offrant en bas-relief la figure de Charles-Quint debout et armé de toutes pièces. Son écu est à ses pieds. Cette pièce est rehaussée de couleurs et d'or. xvie siècle.

136 — Ivoire. — Frise provenant vraisemblablement d'un coffret et offrant en bas-relief quatre groupes de deux figures placés sous des arceaux gothiques surbaissés. xve siècle.

137 — Bois. — Escarcelle offrant en relief diverses figures de saints personnages. Travail du xve siècle.

138 — Bois. — Statuette d'adolescent debout, rehaussée de couleurs et d'or. xvie siècle.

139 — Os. — Coffret gothique de forme rectangulaire à couvercle en toit, à rosaces repercées à jour et garni de ses ferrures en cuivre. xve siècle.

140 — Ivoire. — Statuette de guerrier debout. xvie siècle.

141 — Ivoire. — Râpe à tabac offrant en bas-relief les figures de Vénus et de l'Amour, ainsi que des ornements et vase de fruits. xviiie siècle.

142 — Bois. — Grande râpe à tabac sculptée en bas-relief, à ornements et chiffre. Époque Louis XIV.

143 — Ivoire. — Râpe à tabac formée d'une figure de prélat debout. Même époque.

144 — Bois. — Râpe à tabac portant le blason de France en relief. Même époque.

145 — Corne. — Chausse-pied gravé à figures de satyres et ornements, et portant au centre le sujet de Samson terrassant un lion.

146 — Cire peinte. — Buste de femme de profil et tournée vers la droite. Époque Louis XVI. Dans un étui en maroquin rouge.

147 — Albâtre. — Bas-relief carré représentant la déesse des vents. XVIe siècle.

148 — Terre cuite. — Haut-relief de forme rectangulaire. Groupe de six figures, la sainte Mère de Dieu entourée de saints personnages. Cadre en bois noir.

149 — Bois. — Jolie frise provenant d'un meuble du XVIe siècle et représentant des enfants se jouant dans des rinceaux.

150 — Bois. — Statuette de saint personnage assis sur un fût de colonne cannelée. XVIe siècle.

151 — Bois. — Croix repercée à jour et quatre panneaux offrant en relief des figures de saints personnages debout encadrés de filets d'ivoire. Travail arabe du XIIIe siècle.

152 — Bois. — Joli groupe. — Saint Georges terrassant le dragon. xve siècle.

153 — Bois. — Haut-relief. — Groupe de cinq personnages agenouillés, les mains jointes, en costumes du temps de Louis XIII.

154 — Os. — Coffret vénitien en bois noir incrusté d'ivoire et offrant au pourtour des bas-reliefs en os sculpté à figures. xve siècle.

155 — Bois peint et doré. — Haut-relief provenant d'un rétable du xvie siècle. Le Couronnement d'épines.

156 — Bois. — Sainte Anne debout, portant sur son bras droit la Vierge et l'enfant Jésus. xvie siècle.

157 — Bois. — Figure de sainte Jeanne debout, en riche costume et de l'époque du xvie siècle.

158 — Bois. — Groupe de quatre figures. — La Charité. xvie siècle.

159 — Bois. — Bas-relief carré. — Minerve debout et trophées d'armes. xvie siècle.

160 — Bois. — Groupe de trois figures en costumes du xvie siècle. Sujet allégorique.

161 — Bois. — Saint personnage debout. xvie siècle. (Un bras manque.)

162 — Bois. — Mufle de lion en haut-relief Beau travail du xvie siècle.

163 — Bois. — Figure de saint Antoine debout rehaussée de couleurs et d'or, et placée sous un petit monument de style gothique.

164 — Bois. — Bas-relief exécuté en bois de couleur, représentant le roi saint Louis debout. XVIIe siècle.

GRÈS ET FAIENCES

165 — Cruche en grès émaillé gris de forme très-curieuse et offrant en relief des figures dans le style de Teniers, des mascarons et des ornements. XVIIe siècle.

166 — Saucière en faïence de Palissy, offrant à l'intérieur une figure allégorique de l'Abondance.

167 — Gourde en faïence de Beauvais, offrant en relief deux figures d'Amours tenant un listel sur lequel on lit : JE VEUX MOURIR POUR REVIVRE. Les figures sont émaillées blanc et le fond est jaspé de brun.

168 — Porte-huilier et ses burettes en faïence de Delft, à décor de fleurs et d'ornements en camaïeu bleu.

169 — Gourde de même faïence et de décor analogue. Les ors ont été refaits à froid.

170 — Coupe ronde à trois anses et à neuf goulots en faïence de Nevers (?), à décor en camaïeu bleu et offrant à l'intérieur une fleur en relief.

171 — Pot-à-bière en grès émaillé de Munich à sujets de chasse et ornements en relief émaillés en couleurs et or. Le couvercle en étain porte la date de 1668.

172 — Pot-à-eau en faïence émaillée brun et décoré d'ornements d'or à froid.

173 — Petit vase forme balustre à couvercle en faïence de Nevers, émaillé bleu de Perse uni et à ornements en relief dorés à froid.

174 — Deux pièces : coupe antique à deux anses en terre noire, et broc en terre rouge.

175 — Plaque carrée en faïence émaillée brun, et portant en relief des rinceaux élégants ainsi que la salamandre couronnée de François Ier.

176 — Carreau en terre émaillée à buste d'homme en costume du XVIe siècle, provenant du château de Brou.

OBJETS VARIÉS

177 — Beau dessin rehaussé, par HOLBEIN. — Tête d'homme de trois quarts et tournée à droite.

178 — Beau plat rond et son aiguière en étain par BRIOT. Le plat porte au revers la médaille de cet artiste. Belle conservation.

179 — Plat rond en étain gravé. Il offre au centre de l'ombilic un émail de Limoges, peint en grisaille, représentant Vénus et l'Amour et attribué à Pierre Raymond.

180 — Gobelet en étain à deux anses, portant frappés en creux des dauphins et des fleurs de lis. Cette pièce passe pour avoir appartenu à François II.

181 — Joli pot à anse et à couvercle en étain, offrant en relief des figures allégoriques, des ornements et des mascarons. xvie siècle.

182 — Pot à anse, analogue à celui qui précède et de même époque.

183 — Tableau en verre à fond d'or et à sujet finement gravé au trait sur le fond d'or. Le Christ accompagné de deux saints apôtres, dans un paysage. xviie siècle.

184 — Fontaine en forme de château-fort gothique en cuivre. Travail du xve siècle.

185 — Petit tableau sur panneau, de l'école de Rembrandt et représentant un sujet fantastique.

186 — Jolie Gaîne du xvie siècle en cuir, à mascarons et ornements dorés au fer.

187 — Bas-relief en bronze. — Tête d'homme, de profil et tournée à droite, se détachant sur un fond gravé. Au bas on lit : Aristote. xvie siècle.

188 — Encensoir en cuivre à ornements repercés à jour et offrant des figures d'animaux en relief. XIIIe siècle.

189 — Très-petite figurine de saint évêque agenouillé, en bronze doré. XVe siècle.

190 — Plaque de forme contournée en cuivre rouge, repoussé et doré, à ornements feuillagés. Époque Louis XIII.

191 — Assiette en étain, offrant en relief les figures des électeurs. XVIe siècle.

192 — Deux jolies portes de meuble en bois sculpté à figures de saints personnages et bustes, et garnies de leurs serrures et ferrures du temps. XVe siècle.

193 — Tonnelet en verre bleu de Venise émaillé de blanc, jaune et rouge et à rosaces en relief. XVIe siècle.

194 — Flacon carré en verre bleu, marbré d'émail blanc et rouge. Venise, XVIe siècle.

195 — Petit coffret à couvercle bombé en cuir gaufré et garni en fer. XVe siècle.

196 — Bas-relief ovale en bronze. — La vision de saint Paul. XVIIe siècle.

197 — Applique en plomb. — Buste d'Hercule, entouré du cordon de l'ordre du Saint-Esprit et surmonté d'une couronne.

www.ingramcontent.com/pod-product-compliance
Lightning Source LLC
LaVergne TN
LVHW010010230826
846092LV00002B/744
9782329524344